Nicole Durand

CHEMIN FAISANT

Poèmes

CARNET DE ROUTE

CHYPRE

À Kourion, Eustolios a bâti le refuge du vent
Près du théâtre où vibre le son d'écho.
De Panolefkarra à Kato
S'envolent dentelles et argent.
Parmi les caroubiers et les poivriers
Surgit Kolossi, grande commanderie
Et le souvenir des Templiers.

Aphrodite naît de l'écume
L'ange demeure au creux du rocher
Et Salomine, au profond de sa fontaine sacrée.
À Paphos, des petites pierres vivantes
S'avancent en silence vers Dyonisos et Thésée.
Avec Paul sur son pilier et Barnabé
Nous sommes baignés de spiritualité.

Les tonnelles de Troodos offrent leurs fruits tentants
Et « au fond fond là » se découvre st Nicolas du
Toit.
La mère défend, à Pananya Tou Araka
Auprès de son fils la cause des humains.
Dans l'église de Limassol, éclate la force des
Philippins
Flamboyants comme hibiscus, bougainvilliers,
jasmins.

Au « fond fond là », sempiternellement
C'est la déchirure.
Cupidon, même endormi, dans un geste fou,
N'a-t-il pas lancé sa flèche sûre ?
St Lazare au style « folklorique » garde ses icônes
pures.
« Waïki, waïki, chou, chou, chou »
Rolande la tranchante nous a accompagnés jusqu'au
bout.

LIBAN

Besogneux comme des fourmis
Se dévoile le peuple du Liban, la nuit.
Affleure la blessure,
Gravée dans les murs.
À Magdouché, Marie est dans l'attente
Et le désir du fils, dans la grotte, dure.
Tyr et Sidon, qu'avez-vous fait de votre grandeur ?
Vous enfantez dans la douleur,
À vos flancs palpitent les déplacés.

Dans le Chouf, derrière les moucharabiehs,
Le regard plonge de terrasses en palais
Où s'ouvre la cage aux oiseaux dans la demeure de la
foi.
À Beyrouth, monsieur pain des pauvres, orthodoxe,
Vient chercher sa miche chez les Maronites.

Entre le mont Liban, parcouru de chèvres et l'anti-
Liban
La plaine de la Bekaa piquetée de tentes,
Déroule son tapis oriental vert, jaune, brun.
Elle s'étire, fertile, jusqu'à Anjar la mariée
Et Balbek où gît la pierre de la femme enceinte.
Jupiter s'élance vers le ciel.

Le mezze coloré, goûté du bout des doigts, rassasie
nos yeux.
Dans la Quadicha, vallée sainte, trésor vivant,
Le souvenir du poète nous hante,
Endormi sous le cèdre, relique des grâces.
Intenses sont les offrandes partagées dans la forêt du
Liban.
À Tripoli, dans la forteresse croisée st Gilles,
Les enfants fourmillent.

À Byblos, les Gyblites s'organisent autour du puits
sacré.
Le temps prend son temps dans les souks.
Dallal, notre guide nous quitte
Avec ces mots du Prophète : « et il en a toujours été
De l'amour, il ne connaît sa véritable profondeur
Qu'à l'instant de la séparation. »

EMPREINTES

Portugal

La portugaise, à genoux près de son mari, traversait
l'esplanade
De Fatima et les cailloux suaient de joie.

Italie

À Assise st François était toujours là, dans cette
transparence de
L'air, dans cette campagne traversée de genêts, parée
de toiles
D'araignées.

Israël

Au chant du coq, Ibillyn, berceau de la non-violence,
s'éveillait
Dans l'aube claire, porteuse de promesses.

Grèce

Le temps s'était arrêté : à Delphes, la Pythie rendait
un oracle :
La mer avait un pays : la Grèce.

Maroc

L'appel du muezzin retentissait de terrasse en terrasse
comme un
Avant-goût des mets délicats, pris du bout des doigts

Espagne

la montagne de Catalogne s'étageait sous nos pas : les peupliers, murmurant de fraîcheur cédaient la place aux pins, crissant de chaleur.

Bénin

La mort était en fête, au long des jours. La nuit, au sanctuaire
Dans la chaleur de noir et blanc mêlée, effaçait l'angoisse du soir
Tombé.

Baléares

La montée à Puig-Mayor découvrait la plaine brûlée,
Tendue de moulins à vent.

Madagascar

Dans l'île parfumée
À l'ilang-ilang
Le rhum de Nosi-bé
Rendait fou l'œil du passant.

Les Landes

Magali, 6 ans, sous le balancement des pins :
« je monterai jusqu'à là-haut
Je voirai le soleil
Et je me baignerai dans le ciel »

La mer

La mer s'invitait
À la fenêtre
Bleu changeant sur bleu lavande.
Le tapis d'Orient s'étirait
De l'appartement devenant le maître
Les mouettes criaient par bandes.
Les tommettes rouges rafraîchissaient
Les corps voués au soleil à s'en repaître.

NARBONNE PLAGE

La garrigue s'habille de roses sauvages
Et de blanches asphodèles
Le chemin méditerranéen
Court le long de la falaise
Fragile, parfumée de pins, d'eucalyptus.
Les petits oiseaux, près des mouettes
Goûtent l'eau. Les chars à voile jouent
Aux cerfs-volants multicolores.
Je luttais contre le vent dans les vagues.
Au matin, de la chambre je voyais la mer
Monter à l'assaut du ciel dans un bleu profond
Ou s'étirer dans un bleu clair et changeant.

ROSAS

Rosas illuminé Rosas retentissant
De feux d'artifice éblouissants
Par une nuit de la Saint Jean.
Cadaquès se dresse
Et nous offre sa caresse
Dans sa tiède paresse.
Dans son armure de bougainvilliers
Elle apparaît à nos yeux émerveillés.
Tous nos sens sont éveillés.

L'ÎLE DE LA RÉUNION

Après le Piton Maido offrant
Le cirque de Mafate béant
Aux maisons éparpillées
Petites taches colorées
Le sud sauvage se pare de verdure
Avec un trait de côte bleu azur.
Le volcan vient lécher la mer
Et se répand en laves amères.
Le sud sauvage parfumé de vanille
Sous le vert rutilant pétille.

VOYAGE

Le train file
Les paysages défilent
La France bat de son cœur profond
Son ventre est bien rond.
La ligne des peupliers
Lui donne un air familier.
Dans les arbres, le gui
De l'an neuf nous sourit.

À PARIS

Du haut de la dame de fer
Mon regard erre.
Je découvre Paris illuminé
Avec ses monuments enjolivés
Elle mérite son nom de ville lumière
Avec ses allées bien tracées et fières.
À la grande Mosquée
Nous nous régalons de thé.
À Bastille des hommes de foi
Nous remplissent de joie.

EN ROUTE
VERS LES PYRÉNÉES

Nous traversons Pavie
Encore endormie
Seissan a un parfum d'antan
Masseube station verte
Est encore déserte
Après Chélan Panassac
S'en vient Castelnau-Magnoac
À Monlong le virage est long.
Nous atteignons la demi-lune à la brune
À Sarrancolin nous cherchons le boucher
Mais il vient de fermer.
Aux tables de la Fontaine
La coupe est pleine.
Nous sommes arrivés
Dans les Pyrénées
La vallée d'Aure
Nous offre son trésor.

LE CHEMIN S'ÉCLAIRE

DOZULE

Sous les parapluies bien serrés
Nous montions le chemin
Qui mène à Dozulé.
Portés par la même faim
Nous ne cessions de chanter.
Bercés par ce doux refrain
Nous allions à Dozulé.
En haut de la butte la croix, comme des mains
S'offrait, petite et si fort plantée.
Des témoins, inlassables, nous donnaient le pain
La foule, à genoux, baisait la terre aimée
Et la croix, à cœur plein.
La pluie et le temps s'étaient arrêtés
L'un après l'autre, vers le bassin,
Aux eaux souillées de nos péchés
Nous allions pour le bain.
Par cet acte de foi réveillés
D'un pas léger nous reprîmes le chemin.

RESUCITO

Il hurle à la mort
Tant il est cassé mon corps.
Je me tourne vers Dieu résolument
La guérison se fait puissamment
Vient le temps de la résurrection
L'adoration comme une respiration.
« Mon Seigneur e mon Dieu ! »
Toujours, tu me veux.

ASCENCION

Tu es monté dans nos cœurs
Et nous ne le savions pas.
Nous cherchions ton visage ailleurs
Et te voilà, au creux de notre moi.
Combien d'orages et de pleurs
Avant de trouver la Paix là.
Combien de temps pour effeuiller nos lourdeurs
Et que jaillissent des Alléluia.
Ton visage dressé sur les flots, sortira vainqueur
À peine embarqués, nous arrivons déjà.

UN SERVITEUR

Porte vite facteur
Au pasteur de notre jeunesse
Ce petit mot de tendresse.
C'est un homme de cœur
Au grand rire d'enfant
Qui nous a poussés en avant.
Pas à pas
Brisant nos peurs
Il a mis nos pas
Dans les pas du Seigneur.

PETITE SŒUR

Souvent, tu as tout laissé pour le Seigneur
Car tu lui avais donné ton cœur.
Tu as aimé, tu as souffert
Tu nous as mis le cœur à l'envers.
Ta vie était don
Par toi déjà, j'ai pu donner in pardon.
Sur ce bois vert
Le printemps refleurit
En route vers le Père, tu nous souris.

UN HOMME DE PRIÈRE

Dans un silence pieux
Il s'arrime à Dieu.
Il égrène sa prière
Et dans ses yeux
Repose la lumière
Sans barrière
Le Seigneur se réjouit
De son enfant béni.

LE MUSÉE DU DÉSERT

Il relate les persécutions des huguenots et des
camisards
Dans les montagnes des Cévennes
Ils étaient sur le départ
Vers les assemblées du désert, pleines.
Un siècle de foi, de lutte à l'écart
Vers le pardon nous entraîne.
Il est trop tard
Pour avoir de la haine.

AU CHEMIN DE MARIN

Avec des cris, des larmes
Ce sont tes armes
Tu combats contre le Malin
Au chemin du Marin
Il n'y a plus de chapelle
L'esprit saint donne des ailes
Rempli des entrailles du Seigneur
Se fend la pierre de notre cœur
« Je cherche un homme » un intercesseur.

PRIER POUR
LES TERRORISTES

On est sur la piste
Des terroristes
On les croit là
Ils sont là-bas
Ils nous échappent toujours.
Il n'y a que l'Amour
Pour les transformer
Les annihiler.
Prier pour les terroristes
C'est peut-être une piste.

QUELQUE PART EN SYRIE

Des chrétiens coptes
Devant le corps de l'ennemi optent
Pour l'enterrement
La compassion agit puissamment
L'homme est ressuscité
Il est renouvelé
L'homme de Daech se convertit
Il sert son Dieu qui se réjouit
Cette histoire dans les médias n'est pas retracée
L'Amour n'est pas aimé.

SUR LE CHEMIN, J'AI RENCONTRÉ...

MONIQUE

Nette et franche
Elle agit sans détours.
Avec elle, c'est toujours dimanche
Elle positive toujours.
Son rire déclenche
La bonne humeur le long du parcours
Vers nous elle se penche
Nous entourant d'amour.

Paulette sa maman a écrit ce beau poème :

AU C.E.S. DE SAMATAN

Brillant dès le matin d'une clarté divine
Abritant sous ses murs filles et garçons
Notre beau collège tout en haut se dessine
Face à nos Pyrénées servant de toile de fond

C'est là où j'appris avec mes camarades
À façonner mes devoirs, étudier mes leçons
Mettant tout mon amour dans ce si bel ouvrage
Entremêlé parfois de danses et de chansons

C'est là où j'ai appris à dire « je t'aime »

Lorsqu'une fille se penchant vers moi
M'a dit à l'oreille : « Veux-tu expliquer mon
problème ? »
Tout souriant j'ai répondu : « Et pourquoi pas ? »

Et c'est ainsi qu'est né ce Soleil de ma vie
Une vie comblée de joie et d'amour
Nos cœurs liés de tendresse infinie
Qui durera, j'espère, jusqu'à nos derniers jours

C'est là où j'ai pu prendre la bonne route
Guidant mes pas vers un noble métier,
Marchant droit dans la vie luttant coûte que coûte,
Et, les mains ouvertes, sachant pardonner.
Et nos petits-enfants le cœur plein d'espérance
Partiront le matin joyeux et triomphants
Vers ce beau collège du coin de notre France
Miroitant d'ambre ou d'or sous le soleil couchant.

MIREILLE

De bon matin, tu t'éveilles
Et t'apprête à marcher.
Tu es toujours de bon conseil
Avec ton intelligence acérée.
Dans le quartier tu veilles
Au bien être des gens en difficulté.
Ta cuisine chante le soleil
Et donne envie de voyager.

PALMYRE

Entourée de tes fleurs
Tu respires le bonheur.
Tu n'as pas quitté ton habit de travailleuse
Tu as toujours été courageuse.
Tu vas, tu viens pour tes petits enfants
Avec le même allant.
Tous les matins, tu t'apprêtes
Persévérante et coquette.

MARIE-JOSE

Elle parle de ses petits enfants
En mots élégants
Elle a un vocabulaire riche et varié
Son langage est châtié.
Elle a toujours une anecdote à raconter
Agréablement pimentée.
Avec elle on voyage
Le temps n'a pas d'âge.

DOMINIQUE

Son sourire rassurant
Apaise ses patients.
De sa famille unie
Elle est son principal appui.
Son cœur de mère
N'est pas resté en jachère
Ardéchois, cœur fidèle
Ce dicton s'applique bien à elle.

FATIMA

Fatima, la Malika
Du Maghreb triomphera.
À la prière, elle s'adonne
Avec constance elle se donne.
Son intérieur est propre et clair
C'est une cuisinière hors pair.
Elle a su tisser des liens
Et dit toujours « Viens ! ».

ODILE

Les plantes aromatiques
N'ont pas de secret pour toi
C'est comme une musique
Que tu composes sous ton toit.
Tu égrènes Chopin le magnifique
Et le temps s'arrête là.
La nature s'étend prolifique
Autour de la colline en émoi.

LA FAMILLE LEE

Tu nous parles de ton pays lointain
Toi, l'étranger qui a eu faim.
Ta rencontre avec Rachel
A scellé un amour inconditionnel
Vos trois enfants
De votre couple, sont le ciment
Vous avez donné votre vie au Seigneur
Au long des jours un vrai cœur à cœur
La chorale, la musique
Ont exalté vos voix magnifiques.
Vous avez donné sa place à chacun
Le corps du Christ était un.

OTIS ET SON PAPI

Otis ramasse des coquillages
Il y en a plein la plage.
Son papi et lui jouent à s'attraper
Leur rire sonne plein de gaîté.
Sur cette belle image
Nous quittons le port et ses bastingages.
Le premier bain de l'année
Dans sa fraîcheur m'a revigoré.
Le vent dans les cordages
Nous ouvre une nouvelle page.
Otis et son papi
C'est une transmission de vie.

FÉLINE

Elle vient se blottir contre moi
Mon animal familier
Je la caresse du bout des doigts
C'est mon meilleur allié
Elle s'abandonne à ma voix
Je suis son pilier
Elle reconnaît mon pas
Sur le palier
S'élance vers moi
Se frotte à mon tablier.
Voilà seize ans déjà
Que tourne le sablier.

LE PLÂTRIER

De panier en panier
Il besogne le plâtrier.
Un aveu se penche vers sa belle :
« Si un après-midi, je ne la vois plus
Je m'ennuie d'elle ».
Elle qui n'en peut plus
De ses ados à naître
Des confidences reçues
Et il cogne de plus en plus
Pour la protéger, elle.
Dans son amour, il veut renaître.

ZAZA LE VIOLONISTE

Penché sur son violon
Il reflète toutes ses émotions
Tant il est sa prolongation.
Ces accents merveilleux
Viennent mourir dans ses yeux.
La musique en fait un peu un dieu :
Il élève nos âmes
Nous communiquant sa flamme.
La mélodie nous transporte
Et nous ouvre une porte.

LA PETITE TOSCANE

Ton regard fort et doux
Se plante en nous,
Droit comme un cyprès :
L'Italie est si près !
Tes mains esquissent des notes
Tu nous souris avec ou sans quenottes !
Tes mains égrènent un DO
Fraîches comme l'eau
Ton regard va de l'un à l'autre
Tu es déjà des nôtres.

RENÉE

Ton pays, c'est l'aide sociale à l'enfance
Il grouille de petits
Avec des bleus en permanence
Contre toi, tu les as tous pris
Consolés en mère pleine et dense
Ce n'était pas que des dossiers bien finis
Mais de la chair en souffrance.
Souvent par toi, ils ont repris vie.
Ton pays, c'est l'aide sociale à l'enfance
C'était toute ta vie.

LUCETTE

Ses maisons respirent la propreté
De ses logis elle en est la fée.
Malebric a embelli
Sous sa main avertie.
C'est une très bonne cuisinière
De ses plats, elle peut être fière.
Elle s'occupe bien de ses petits enfants
De leur Mamie ils sont très contents

GILBERT

Il a de l'or dans ses doigts
Il a embelli bien des maisons
Il se sert parfois du soméca
Il a eu des chantiers à foison
Il n'arrêtait pas
Il travaillait plus que de raison.
Mais il s'échappe parfois
Dans sa maison du Roussillon.

DANIELLE

Dans sa cuisine elle s'affaire
Elle a beaucoup à faire
Bouillon de légumes, divers gâteaux
Elle excelle dans la tarte aux poireaux.
À la Pépinière, à l'hôpital
Elle repère le moindre mal
Elle reste à l'écoute des personnes âgées
Par sa présence, elle les a revigorées.

JEAN-MARIE

De bon matin, il s'apprête
Rien ne l'arrête.
Bon pied bon œil il va marchant
Le point du jour l'attend.
Il cisèle ses reportages
Il écrit de belles pages
Sa constance dans le bénévolat est un trésor
Et lui a valu la médaille d'or.

DAVID

Il a un rire perlé
Qui donne de la gaieté.
Sportif accompli
Il s'adonne à son sport favori.
Il joue avec ses enfants
Assume son rôle pleinement
Au fort de la Bayarde, derrière les arbousiers
Se cachaient les chevaliers
Même la pêche devient un jeu
Auquel il se livre heureux.

CHEMIN FAISANT

LA TOURTERELLE BLEUE

Sur la piscine elle se pose
Et de son bec elle ose
Picorer l'eau bleue.
Elle en prend sa couleur
Penche la tête avec bonheur.
Elle lance un cri joyeux
Va se percher sur l'arbre heureux
Se mire à nouveau de tous ses yeux
La tourterelle bleue
Jette un dernier adieu.

AU BARCARES

La méduse au bord du couchant
Vient respirer goulûment
À fleur de l'étang.
Sur le plancton
Où folâtre le poisson
Elle rejoint son compagnon.
Le goéland d'un élan taquin
Vient piquer l'air marin
Et repart vers le lointain.

CES GENS DU BORD DE L'EAU

De partout chassés
Ils ont planté
Leur maison de fortune
Au bord de l'eau, à la brune.
Elle leur a pris deux des leurs
Grande est leur douleur.
Le vide s'est installé.
Où s'en sont-ils allés ?
Je les cherche en vain
Peut-être seront-ils là demain ?

LA GROTTE CHAUVET

Dans la grotte Chauvet
La ligne pure
Des animaux du passé
M'émeut sans commune mesure
Ils retracent la vie d'hommes habités
Par le beau, l'épure.
Ces desseins inspirés
Parlent de la vie, au-delà, qui dure.
Trente-six mille ans sont passés
Demeure la nature.

ARRIVÉE AU PORT

Les pêcheurs rentrent au port
Avec leurs trésors
Ils déballent leur marchandise
Pêchée dans la mer grise.
Sar, murène, congre, rouget
Frits, on va se régaler
C'est la pêche du jour
Les pêcheurs affronteront la mer
Ils vaincront les flots amers
Demain sera un nouveau jour.

BRUMES ET BROUILLARD

La brume s'accroche aux pentes
Remodèle le paysage.
Le souvenir la hante
De son cher visage.
Une histoire d'amante
Éperdue sans âge
En une érosion lente
Le temps a fait ses ravages
Le brouillard la désenchante
Mais elle veut tourner une nouvelle page.

LES BERGES

Le Gers serpente
Le long de la sente
Les canards, les oiseaux
S'amusent avec les poules d'eau.
L'eau a revêtu sa parure verte
La rive n'est pas déserte :
Un passant flâne, l'autre court
Un autre pédale à contre-jour
Le peuple des berges prend son temps
Il se promène tout simplement

LE RUISSEAU

Il est ressuscité mon ruisseau
Il coule à nouveau
Il était tout menu
Il avait presque disparu
La pluie l'a regonflé
Il s'est régénéré
Son bruit cristallin
Me ravit dès le matin
Il m'accompagne dans ma ballade
Et rend belle la promenade.

PROMENADE EN RAQUETTES

Avec nos raquettes
Nous étions en quête
De la cabane du berger
Le long de la Neste du Badet.
Sur la poudreuse
Nous jouions les dameuses.
Le soleil nous avait donné rendez-vous
Sur la pente l'isard nous faisait coucou
C'était comme un rêve bien doux.

CHEMIN FAISANT

Chemin faisant
J'ai rencontré l'Amour
Chemin faisant
Il triomphe toujours
Chemin faisant
C'est l'aube d'un nouveau jour
Chemin faisant
J'ai accompli mon parcours.

Direction d'ouvrage :
« Dialoguer en poésie »
15 rue de Sardac 32700 Lectoure

http://pierre.leoutre.free.fr/dialoguerenpoesie

et avec le soutien de l'Association « Le 122 »
15 rue Jules de Sardac 32700 Lectoure

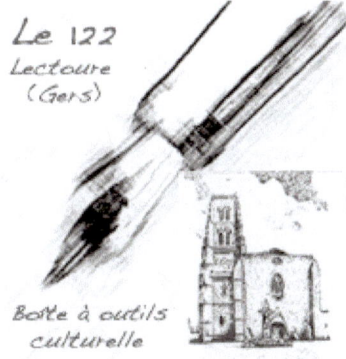

http://pierre.leoutre.free.fr

Éditeur :
Books on Demand GmbH,
12/14 rond-point des Champs Élysées,
75008 Paris, France

Impression :
Books on Demand GmbH, Norderstedt, Allemagne

ISBN : 9782810600137

Dépôt légal : février 2016

www.bod.fr